Mehr Übung B1

Kopiervorlagen zur Grammatik

Deutsch als Fremdsprache

Gisela Darrah

Herstellung und Verlag:
BoD - Books on Demand, Norderstedt
ISBN 978-3-7347-6377-9

Inhaltsverzeichnis

Konjunktionen „wenn" und „als"

Gegenwart (Präsens) oder allgemeingültig (immer wenn) in Gegenwart oder Vergangenheit. Auch Zeitpunkte in der Zukunft können angesprochen sein:

Ich helfe dir, **wenn** du mich brauchst.

Wenn du mich brauchst, helfe ich dir.

Ich habe dir immer geholfen, **wenn** du mich gebraucht hast.

Immer **wenn** du mich gebraucht hast, habe ich dir geholfen.

Vergangenheit (Perfekt oder Präteritum) als einmalige Handlung oder als begrenzte Zeitspanne:

Ich habe dir geholfen, **als** du mich gebraucht hast.

Als du mich gebraucht hast, habe ich dir geholfen.

Ich habe in einer WG gewohnt, als ich noch Student war.

Als ich noch Student war, habe ich in einer WG gewohnt.

Setzen Sie ein: „wenn" oder „als"

1. …............ ich noch Student war, habe ich in Paris gelebt.

2. …................ ich nach Paris fahre, bringe ich einen guten Rotwein mit.

3. Jedes Mal …................... ich in Italien war, habe ich Pizza gegessen.

4. Immer …................ ich in Berlin war, habe ich Tante F. rieda besucht.

5. …................ ich letztes Jahr in Köln war, habe ich den Karneval besucht.

6. …................ ich bei kaltem Wetter spazieren gehe, bekomme ich oft Schnupfen.

7. Ich habe mich erkältet, …................... ich letztes Wochenende spazieren war.

8. …................ mein Sohn 18 Jahre alt ist, will er seinen Führerschein machen.

9. Mein Sohn hat den Führerschein gemacht, …................... er 18 Jahre alt war.

10. …................... wir einmal in Griechenland waren, war es sehr heiß.

11. Immer …................... ich in Spanien bin, sehe ich mir Flamenco an.

12. …................... wir einmal an die Nordsee gefahren sind, war es sehr stürmisch.

13. Wir machen am Wochenende einen Ausflug, …................... das Wetter gut ist.

14. …................... wir letztes Wochenende im Tierpark waren, haben wir Affen gesehen.

15. …................... du willst, können wir morgen zusammen lernen.

16. Auf dem Foto siehst du mich, …................... ich noch klein war.

17. …................... der Fahrer um die Ecke bog, bremste er.

18. Du musst das Licht anmachen, …................... du in den Keller gehst.

19. Walter hat sich immer beschwert, …................... seine Nachbarn laut waren.

20. Ich habe in meiner Kindheit schwimmen gelernt, …................... ich 8 Jahre war.

21. …................... der erste Weltkrieg endete, lebten meine Eltern in Bayern.

22. …................... du nicht pünktlich bei der Arbeit bist, ist dein Chef sauer.

23. …................... du morgen zu mir kommst, können wir spazieren gehen.

24. …................... du mir nicht die Wahrheit sagst, bist du nicht mein Freund.

25. Mara war im Kindergarten, …................... sie drei Jahre alt war.

26. Ich möchte die chinesische Mauer sehen, …................... ich in China bin.

27. Es war schon dunkel, …................... wir endlich zu Hause waren.

28. …................... die rote Lampe leuchtet, musst du tanken.

29. Wir mussten jeden Tag neue Wörter lernen, …................... wir im Kurs waren.

Konjunktion falls

Wenn du mal nach Berlin kommst, besuche das Brandenburger Tor.
(Der Sprecher denkt, dass die andere Person bestimmt später nach Berlin kommt)

Falls du mal nach Berlin kommst, besuche das Brandenburger Tor.
(Der Sprecher denkt, dass die andere Person wahrscheinlich nicht nach Berlin kommt. Aber für den besonderen Fall gibt er diesen Rat.)

Es ist eher unwahrscheinlich, dass der Fall eintritt.

Schreiben Sie Sätze mit „falls":

Falls die Maschine nochmal kaputt geht, musst du einen Fachmann rufen.

1. du – noch Hunger haben – im Kühlschrank nachschauen müssen

………………………………………………………………………………………

2. das Brot – nicht reichen – zum Bäcker gehen (Imperativ)

………………………………………………………………………………………

3. der Schüler – die Aufgabe nicht verstehen – er – sollen – den Lehrer fragen

………………………………………………………………………………………

4. das Geld – nicht reichen – du müssen – zur Bank gehen

………………………………………………………………………………………

5. ich – zu schnell – sprechen – bitte – mir Bescheid sagen (Imperativ)

………………………………………………………………………………………

6. du – noch mehr Tee – möchten – ich – kochen – nochmal welchen

………………………………………………………………………………………

7. du – nicht schlafen können – ein Buch lesen (Imperativ)

………………………………………………………………………………………

Präteritum
schwache (regelmäßige) Verben

ich wohn**te**   ich arbeit**ete**
du wohn**test**   du arbeit**etest**
er, sie, es wohn**te**   er, sie, es arbeit**ete**
wir wohn**ten**   wir arbeit**eten**
ihr wohn**tet**   ihr arbeit**etet**
Sie, sie wohn**ten**   sie arbeit**eten**

Wann verwendet man Präteritum?

Das Präteritum ist die Schreibvergangenheit. Man findet sie in der Zeitung, in der Literatur, in der Wissenschaft, im Lebenslauf, in Mathematikaufgaben, im Vergleich zwischen früher und heute, in alten Märchen und Geschichten …

In Süddeutschland spricht man im Perfekt und schreibt im Präteritum. Nur „haben" und „sein" wird auch im Präteritum gesprochen. (Ich war gestern im Kino. Ich hatte einen guten Platz.)

In Norddeutschland sprechen die Leute auch oft im Präteritum.

Schreiben Sie die Formen des regelmäßigen Verbs im Präteritum:

1. Wir …............................ gestern unsere Oma. (besuchen)

2. Frau Klein …............................ gestern bis 19 Uhr. (arbeiten)

3. Manuel …..................... am Morgen Musik. (hören)

4. Gestern …................... Lisa ihren 20. Geburtstag. (feiern)

5. Herr Müller …................... eine Stunde beim Arzt. (warten)

6. Ich …................. mir am Morgen die Zähne. (putzen)

7. Die ganze Familie …............................ auf der Terrasse. (frühstücken)

8. Um 10 Uhr …................... wir eine Pause. (machen)

Präteritum
starke (unregelmäßige) Verben

Die unregelmäßigen Verben haben einen Stammvokalwechsel. Das heißt: In der Mitte des Verbs ändert sich der Vokal in irgendeiner Zeit. Das kann im Präsens sein, im Präteritum oder im Perfekt.

Tipp: Alle Verben, die im Präsens einen Vokalwechsel haben, sind auch unregelmäßig. Sie kennen schon viele, z. B. sprechen (ich spreche, du sprichst …)

Diese Verben bilden das Partizip Perfekt mit der Endung -en. (gesehen, gegangen)

Unregelmäßige Verben lernen Sie von einer Tabelle. Durch ständigen Gebrauch prägen sich die Formen ein. Es gibt einige Mischverben.

Schreiben Sie folgende Geschichte im Präteritum, so wie sie in der Zeitung steht.
Die Formen der unregelmäßigen Verben sind hier angegeben, alle anderen Verben sind regelmäßig.

aß, empfingen, gab, kamen an, sprachen, fuhr, traf

Außenminister XY erzählt nach einer Reise seiner Frau, was er erlebt und gesehen hat. Die Zeitung berichtet natürlich auch darüber.

XY: Ich **bin** um 14 Uhr mit dem Privatjet **abgeflogen.**

Zeitung: XY **flog** um 14 Uhr mit dem Privatjet **ab.**

XY: Am Abend bin ich in Berlin angekommen.

1. Zeitung: …..

XY: Einige Staatsmänner und viele Journalisten haben mich dort empfangen.

2. Zeitung: …..

XY: Ich habe gelächelt und alle begrüßt.

3. Zeitung: …..

XY: Dann bin ich zum Hotel gefahren.

4. Zeitung: …...

XY: Ich habe im Restaurant gegessen und dann habe ich mit Angela Merkel eine Stadtrundfahrt gemacht.

5. Zeitung: …...

…...

XY: Sie hat mir das Brandenburger Tor gezeigt.

6. Zeitung: …...

XY: Am nächsten Tag habe ich den Außenminister getroffen.

7. Zeitung: …...

XY: Wir haben heftig über die Problempunkte diskutiert.

8. Zeitung: …...

XY: Ich habe meine Meinung verteidigt.

9. Zeitung: …...

XY: Bis zum Nachmittag haben wir uns nicht geeinigt.

10. Zeitung: …...

XY: Später hat es noch ein Staatsbankett gegeben.

11. Zeitung: …...

XY: Ich habe die ganze Zeit Englisch gesprochen.

12. Zeitung: …...

XY: Ich bin dann abgereist und habe gesagt: „Das war sehr interessant.“

13. Zeitung: …...

Thomas Müller: Ein Lebenslauf

09. 01. 1977	Geburt in Toronto, Kanada
1983	Umzug nach Mannheim, Deutschland
1983 – 87	Grundschule Käfertal
1987 – 96	Goethe-Gymnasium, Abschluss Abitur
1996 – 97	freiwilliges soziales Jahr bei der AWO Mannheim
1997 – 2002	Studium Politologie an der Universität Heidelberg
2002 – 2010	Tätigkeit als wissenschaftlicher Berater im Institut XX
2010 – 2014	als Berater im Bundestag, Berlin, tätig

Schreiben Sie den Lebenslauf als Text:

Verwenden Sie diese Verben: umziehen, besuchen, abschließen, machen/absolvieren, studieren, ausüben/ arbeiten, tätig sein

Thomas Müller wurde am …..

…...

…...

…...

…...

…...

…...

…...

Plusquamperfekt
Die Vorvergangenheit

*Dann habe ich mein erstes Auto gekauft.(2) Ich **hatte** lange dafür **gespart**.(1)*

Wann wird Plusquamperfekt verwendet?

Man erzählt etwas im Perfekt oder Präteritum. In dieser Erzählung blickt man zurück auf etwas, das vor der Vergangenheit geschah.

(Reihenfolge: 1. ich spare, 2. ich kaufe ein Auto)

Bilden Sie Sätze in Präteritum und Plusquamperfekt:

Beispiel: 1. Ich höre einen Witz. 2. Ich erzähle ihn.
Ich erzählte einen Witz.(2) Ich hatte ihn vorher gehört.(1)

1. Er bewirbt sich bei einer Firma.(1) Er bekommt die Stelle.(2)

…..

2. Ich sehe einen Pulli im Schaufenster.(1) Ich kaufe den Pulli.(2)

…..

3. Sie lernt im Urlaub einen Mann kennen. Sie wohnt mit dem Mann zusammen.

…..

4. Ich koche Kaffee. Wir trinken den Kaffee.

…..

5. Er lernt viel für die Prüfung. Er besteht die Prüfung.

…..

6. Herr Becker renoviert die Wohnung. Er zieht um.

…..

Konjunktionen weil, obwohl, dass, ob

Ich gehe einkaufen, **weil** ich Lebensmittel brauche.

Ich gehe einkaufen, **obwohl** ich nicht viel brauche.

Ich weiß nicht, **ob** ich Lebensmittel brauche. Ich muss mal im Kühlschrank nachsehen.

Ich bin sicher, **dass** ich Lebensmittel brauche. Ich habe schon nachgeschaut.

---

weil, obwohl, dass und ob leiten Nebensätze ein.

weil:

Der weil-Satz ist der Grund für den Hauptsatz.

obwohl:

Der obwohl-Satz steht dem Hauptsatz inhaltlich entgegen.

dass:

Der dass-Satz steht nach Ausdrücken der Meinung, des Wissens oder Gefühls.

ob:

Der ob-Satz drückt Unsicherheit oder Unwissen aus.

Schreiben Sie eine Antwort mit weil:

Beispiel: Warum übst du Grammatik? - Weil ich gut Deutsch sprechen will.

1. Warum geht Peter nicht zur Schule?

…..

2. Warum rufst du deinen Freund an?

…..

3. Warum ziehst du eine warme Jacke an?

…..

Weil oder obwohl? Was passt?

1. Ich kann das Auto nicht kaufen, ... ich nicht genug Geld habe.

2. Wir gehen heute ins Kino, ... wir den Film nicht so toll finden.

3. Ich esse Schokolade, ... ich abnehmen will.

4. Sara isst jeden Tag Obst und Gemüse, ... sie gesund bleiben will.

5. Walter geht in die Stadt, ... er dort seine Freunde sehen kann.

6. Ich gehe heute spazieren, ... das Wetter schlecht ist.

7. Katrin zieht nach Tübingen, ... sie dort studieren möchte.

8. Herr Maier wohnt auf dem Land, ... er zur Arbeit 40 km fahren muss.

9. Oliver bewirbt sich bei Firma X, ... er eine Stellenanzeige gesehen hat.

10. Monika bewirbt sich bei Firma Y, ... sie keine Stellenanzeige gesehen hat.

Schreiben Sie Sätze mit obwohl:

die Wohnung putzen – keine Lust haben
*Ich putze die Wohnung, **obwohl** ich keine Lust habe.*

1. nach Paris fahren – kein Französisch sprechen

....

2. ins Schwimmbad gehen – nicht schwimmen können

....

3. in Urlaub fahren – nicht viel Geld haben

....

„dass" oder „ob"?

*Wissen, sagen, denken: Ich weiß, **dass** du heute Zeit hast.*
*Nicht wissen: Ich weiß nicht, **ob** du heute kommen kannst.*

<u>*Was passt? Setzen Sie ein: dasss oder ob?*</u>

1. Ich weiß nicht, …................... ich heute noch kommen kann. Ich habe viel zu tun.
2. Er sagt, …................. du sein Buch mitgenommen hast. Schau doch mal nach.
3. Da bin ich aber froh, …................... ihr eine neue Wohnung gefunden habt.
4. Guten Morgen. Tut mir leid, …................. ich später komme. Da war Stau.
5. Weißt du, …....................am Wochenende das Wetter schön wird?
6. Ich finde, …................... Frau Müller sehr nett ist.
7. Weißt du, …................... Claudia Kinder hat?
8. Wir renovieren gerade. Ich überlege, …................... wir ein neues Sofa brauchen.
9. Ich bin sicher, …................. Monika in München wohnt. Aber ich weiß nicht,

   …................... sie verheiratet ist.
10. Ich finde, …................... der Kuchen sehr gut schmeckt. Ich frage mich,

    …................... da Schokolade drin ist.
11. Wirklich schade, …................... meine Kinder so weit weg gezogen sind. Ich

    fürchte, …................... ich sie nicht oft sehen kann.
12. Es ist möglich, …................... der Brief morgen schon ankommt. Aber ich

    weiß nicht, …................... alle Unterlagen dabei sind.
13. Ich weiß, …................... gute Qualität ihren Preis hat.

Schreiben Sie Sätze mit „ob".

Gehst du mit ins Kino? - Wie bitte?

    –   - Ich möchte wissen, **ob** du mit ins Kino gehst.

1. Hast du heute Mittag Pizza gegessen? - Wie bitte?

....

2. Spielst du gern Karten? - Wie bitte?

....

3. Schläfst du am Sonntag Morgen lange? - Wie bitte?

....

4. Gehst du gern im Schnee spazieren? - Wie bitte?

....

5. Trägst du gern Schmuck? - Wie bitte?

....

6. Trinkst du manchmal Wein? - Wie bitte?

....

7. Gehst du heute einkaufen? - Wie bitte?

....

8. Isst du zum Frühstück Käse? - Wie bitte?

....

9. Kannst du stricken? - Wie bitte?

....

Spielen Sie die Gespräche in Partnerarbeit.

Relativsatz
Nominativ

Der Relativsatz gibt uns Informationen über ein Nomen.
Das Relativpronomen leitet den Relativsatz ein.
Es gleicht im Nominativ dem bestimmten Artikel.

Beispiele:

maskulin	**Der** Mann, **der** dort geht, ist mein Onkel.
feminin	**Die** Frau, **die** an der Kasse steht, ist meine Tochter.
neutral	**Das** Mädchen, **das** dort tanzt, ist meine Freundin.
Plural	**Die** Leute, **die** im Café sitzen, möchten bezahlen.

Setzen Sie „der", „die" oder „das" ein:

1. Die Männer, …................. dort arbeiten, bauen eine Straße.

2. Das Kind, …................. auf der Schaukel sitzt, ist fünf Jahre alt.

3. Der Zug, …................. dort steht, fährt nach Mannheim.

4. Die Lampe, …................. auf dem Schreibtisch steht, ist neu.

5. Das Buch, …................. du mir geliehen hast, habe ich gelesen.

6. Die Kinder, …............. im Hof spielen, sind zu laut.

7. Alle Leute, …................. gekommen sind, singen jetzt zusammen ein Lied.

8. Die Banane, …................. auf dem Tisch liegt, gehört Vera.

9. Der Baum, …................. im Garten steht, trägt Kirschen.

10. Die Sätze, …................. wir geschrieben haben, sind alle richtig.

Schreiben Sie Relativsätze wie im Beispiel:

Beispiel:

Das Haus steht in der Mozartstraße.
Das Haus ist gelb.

Das Haus, das in der Mozartstraße steht, ist gelb.

1. Der Kaffee steht auf dem Tisch.
   Der Kaffee ist frisch gekocht.

....

2. Die Hühner laufen im Garten.
   Die Hühner haben braune Federn.

....

3. Der Schüler sitzt ganz hinten rechts.
   Der Schüler hat gute Noten.

....

4. Das Mädchen hat ein rotes Kleid an.
   Das Mädchen ist sehr hübsch.

....

5. Die Sonne scheint durch das Fenster.
   Die Sonne stört mich.

....

6. Alle Passagiere wollen nach Ludwigshafen.
   Alle Passagiere müssen umsteigen.

....

Relativsätze zum Objekt eines Satzes.

Schreiben Sie Sätze wie im Beispiel:

Sabine hat einen Sohn.
Der Sohn ist 25 Jahre alt.

Sabine hat einen Sohn, der 25 Jahre alt ist.

1. Familie Schmidt hat einen Hund. Der Hund kann Türen öffnen.

   ....

2. Ich kenne eine Familie. Die Familie hat sieben Kinder.

   ....

3. Ich kaufe die Tasche. Die Tasche gefällt mir gut.

   ....

4. Sabine heiratet Sven. Sven ist Pilot von Beruf.

   ....

5. Frau Gabel pflegt ihren Mann. Der Mann hat Grippe.

   ....

6. Maria kauft eine Jacke. Die Jacke kostet 129 €.

   ....

7. Du kennst die Frau. Die Frau wohnt in meiner Straße.

   ....

8. Ich trage einen blauen Pullover. Der Pullover passt gut zu meiner Hose.

   ....

Relativsätze im Akkusativ

maskulin	**Der** Mann, **den** ich dort sehe, ist mein Onkel.
feminin	**Die** Frau, **die** ich kenne, ist meine Nachbarin.
neutral	**Das** Kind, **das** ist getroffen habe, ist meine Nichte.
Plural	**Die** Leute, **die** wir dort sehen, sind Chinesen.

Das Verb im Relativsatz (in unseren Beispielen sehen, kennen und treffen) kann bestimmen, dass das Relativpronomen im Akkusativ steht.

Schreiben Sie Sätze wie im Beispiel:

der Mantel – ich - kaufen – teuer sein

Der Mantel, den ich kaufe, ist teuer.

1. die Tasche – ich - brauchen – ein Handyfach haben

....

2. der Lehrer – ich - in der Stadt treffen – Müller heißen

....

3. der Computer – ich - kaufen – ein neues Modell sein

....

4. die Frau – wir - treffen – meine Lehrerin sein

....

5. das Handy – er - verloren haben – teuer

....

6. das Haus – Familie Klein - bauen – auf dem Land sein

....

Relativsätze im Dativ

maskulin	**Der** Mann, **dem** ich gratuliert habe, ist mein Kollege.
feminin	**Die** Frau, **der** ich geholfen habe, ist meine Nachbarin.
neutral	**Das** Kind, **dem** ich begegnet bin, ist mein Sohn.
Plural	**Die** Leute, **denen** ich Geld gegeben habe, sind mir dankbar.

Das Relativpronomen im Dativ Plural ist nicht gleich dem Artikelwort.
Ich habe **den** Leuten Geld gegeben. (Artikel im Dativ)
Die Leute, **denen** ich … (Relativpronomen im Dativ)

Schreiben Sie Sätze wie im Beispiel:

die Kunden – ich - antworten – in München wohnen

Die Kunden, denen ich antworte, wohnen in München.

1. die Frau – ich - gratulieren – meine Kollegin

…………………………………………………………………………………………

2. der alte Mann – sie (Pl.) - begegnen – nicht gut laufen können

…………………………………………………………………………………………

3. die jungen Leute – ich - helfen – meine Nachbarn sein

…………………………………………………………………………………………

4. die Kinder – ich - Schokolade geben – meine Enkel sein

…………………………………………………………………………………………

5. die Katze – Peter - immer Futter geben – schwarz sein

…………………………………………………………………………………………

6. die Firma – du - antworten – ihren Sitz in Hamburg haben

…………………………………………………………………………………………

Relativsätze mit Präposition

Viele Verben haben feste Präpositionen. Diese Präpositionen sind mit einem Fall (Akkusativ oder Dativ) verbunden.

Akkusativ: für, an, auf, über...

maskulin	Der Mann, für **den** ich mich interessiere, ist schon verheiratet.
feminin	Die Frau, an **die** ich immer denke, ist meine Freundin.
neutral	Das Haus, für **das** ich mich interessiere, ist auf dem Land.
Plural	Die Nachbarn, an **die** ich mich gut erinnere, sind umgezogen.

Dativ: mit, bei, von, …

Maskulin	Der Mann, mit dem ich gesprochen habe, ist verärgert.
Feminin	Die Frau, bei der ich wohne, heißt Lydia.
Neutral	Das Handy, von dem ich träume, ist ein Smartphone.
Plural	Die Leute, von denen ich einen Brief bekommen habe, sind Kunden.

Schreiben Sie Sätze wie im Beispiel:

Der Mann ist mein Onkel.
Ich warte auf den Mann.

Der Mann, auf den ich warte, ist mein Onkel.

1. Die Reise nach Venedig war sehr schön.
   Ich erinnere mich noch gut an die Reise.

....

2. Die Kinder sind sehr laut.
   Ich kümmere mich heute um die Kinder.

....

3. Das Haus hat einen großen Garten.
   Ich träume von dem Haus.

....

4. Der Kurs findet mittwochs um 17 Uhr statt.
   Ich interessiere mich für den Kurs.

…..

5. Die Frau möchte mein Auto kaufen.
   Ich bin mit der Frau verabredet.

…..

6. Die Nachbarn spielen immer laute Musik.
   Ich ärgere mich über die Nachbarn.

…..

7. Das Geld ist von einem Bausparvertrag.
   Ich warte auf das Geld.

…..

8. Der Ausflug geht an den Bodensee.
   Ich freue mich auf den Ausflug.

…..

9. Die Wohnung hat schöne, große Zimmer.
   Ich bin sehr zufrieden mit der Wohnung.

…..

10. Die Chefin ist gerade beschäftigt.
    Ich möchte mit der Chefin sprechen.

…..

11. Die Miete ist zu hoch.
    Ich beschwere mich über die Miete.

…..

Der Genitiv

Bei Namen von Personen:
Das Auto von Sven – Svens Auto
Die Wohnung von Frau Maier – Frau Maiers Wohnung

Ebenso bei Orts- und Ländernamen: Spaniens Küste, Münchens Sehenswürdigkeiten

Der Genitiv bei Namen auf -s, -z, -x:

Der Sohn von Thomas – Thomas´ Sohn
Die Schwester von Max – Max´ Schwestern

Artikel im Genitiv:

maskulin	des -es des - n	eines
feminin	der	einer
neutral	des -s	eines
Plural	der der -n	--

Wie ist der Name **des** Mannes?   Der Name eines Musikers
Wo liegt die Wohnung **der** Frau?   Das Haus einer Nachbarin
Ist das das Fahrrad **des** Kindes?   Das Rad eines Kindes
Sind das die Bücher **der** Schüler?

Präpositionen mit Genitiv: **trotz, statt, wegen, während, außerhalb, innerhalb**

Wegen des schlechten Wetters findet die Veranstaltung nicht statt.
Während des Essens soll man nicht fernsehen.
Trotz des starken Regens kamen wir gut voran.
Innerhalb der Stadt gibt es kaum Parkplätze.
Außerhalb der Stadt ist die Luft besser.

Der Genitiv wird im Deutschen (besonders in Süddeutschland) nicht mehr oft gebraucht.
Besonders bei den Präpositionen **während, trotz** und **wegen** wird in der Alltagssprache der Dativ gebraucht.

Schreiben Sie Sätze mit Genitiv:

Namen von Personen und Plätzen

Monika – Telefonnummer Das ist Monikas Telefonnummer.
Fritz – Wohnung: Das ist Fritz`Wohnung.

1. Frau Müller – E-Mail: …...

2. Herr Weiß – Brief: …..

3. Jens – Garten: …..

4. Deutschland – Klima: …..

5. Frankreich – Küche: …...

6. Spanien – Hauptstadt: …...

Artikel im Genitiv

die Bücher – die Studenten
Das sind die Bücher der Studenten.

1. das Buch – die Lehrerin: …..

2. die Tasche – die Frau: …..

3. das Ende – der Monat: …..

4. der Preis – die Ware: …..

5. die Farbe – der Stift: …...

6. die Jacke – der Mann: …..

7. die Frau – der Bäcker: …..

8. die Tür – das Haus: …..

9. die Freundin – die Mutter: …..

die Grammatik – eine Sprache: die Grammatik einer Sprache

1. der Name – ein Schriftsteller: …...

2. die Adresse – eine Freundin: …...

3. das Auto – ein Bewohner: …...

4. das Fahrrad – ein Kind: …..

Die Adjektivdeklination im Genitiv: Singular – en, Plural -er

das Fahrrad eines klein**en** Kindes
das Auto eines alt**en** Freundes
die Adresse einer gut**en** Freundin
der Name eines bekannt**en** Schriftstellers
die Wohnung gut**er** Freunde

1. die Telefonnummer – englisch – ein Freund

…..

2. das Haus – berühmt - Leute

…..

3. die Adresse – eine entfernte Cousine

…..

4. die Jacke – ein alter Mann

…..

5. das Zimmer – ein unordentliches Kind

…..

Die n-Deklination

Im Akkusativ, Dativ und Genitiv verändert sich bei maskulinen Nomen die Endung.

Typ 1: n

Maskuline Nomen auf -e, Fremdwörter auf -ant, -ent, -ist, -oge, -at

auch: Herr, Mensch, Nachbar, Bauer, Bub

Typ 2: ns im Genitiv Singular

Einige maskuline Abstrakta auf -e.

Name, Gedanke, Friede, Buchstabe

Neutral: Herz

Markieren Sie die Endung der n-Deklination in diesen Beispielen:

1. Kennst du schon meinen neuen Nachbarn, Herrn Schneider?

2. Mein Freund hat einen Affen als Haustier.

3. Die Würde des Menschen ist unantastbar.

4. Der Gedanke des Friedens ist sehr wichtig.

5. Die Form des Buchstabens ist mir neu.

6. Der Hof des Bauern ist zu verkaufen.

7. Die Praxis des Neurologen ist in der Hauptstraße.

8. Wo ist der Arbeitsplatz des Praktikanten?

9. Der Wunsch ist der Vater des Gedankens.

10. Der Name meines Nachbarn ist Alili.

Präpositionen wegen, trotz, während, statt, außerhalb, innerhalb

Schreiben Sie Sätze mit Genitiv:

Beispiele:

Wegen des Hagels waren viele Autos beschädigt.
Trotz seiner Krankheit kam Herr Großmann zur Arbeit.
Während des Essens sprach niemand ein Wort.
Innerhalb der Gebäude darf man nicht rauchen.
Das Rauchen ist nur **außerhalb der Gebäude** erlaubt.
Statt des Weihnachtsgelds gab es dieses Jahr nur eine Flasche Wein.

Schreiben Sie Sätze im Präteritum mit Genitiv:

1. Trotz – das Gewitter – wollen – die Wanderer – weitergehen

   ....

2. Statt – ein Lob – ich – bekommen – nur – Vorwürfe

   ....

3. Wegen – ein Todesfall in der Familie – das Geschäft – geschlossen sein

   ....

4. Während – ein kurzer Aufenthalt in Rom – ich – kennen lernen – neue Freunde

   ....

5. Innerhalb – die kurze Zeit im Kurs – Selma – lernen – gut Deutsch

   ....

6. Außerhalb – die Geschäftszeiten – niemand – im Büro sein

   ....

7. Innerhalb – das Firmengelände – sein – parken verboten

   ....

Passiv Präsens

Passiv Präsens wird gebildet mit dem Hilfsverb werden und dem Partizip Perfekt.

Schreiben Sie diese Sätze im Passiv.
Überlegen Sie: Ist es hier wichtig, wer die Handlung ausführt?
Ausdrücke wie **man** oder **jemand** kann man im Passiv weglassen.

Der Briefträger **bringt** die Post.
Die Post **wird** vom Briefträger **gebracht.**

Man **spricht** hier Deutsch.
Hier **wird** Deutsch **gesprochen.**

1. Die Sekretärin schreibt den Geschäftsbrief.

    ....

2. Vater bezahlt die Rechnung.

    ....

3. Man raucht hier nicht.

    ....

4. Jemand repariert den Fernseher.

    ....

5. Wir renovieren die Wohnung.

    ....

6. Jemand putzt die Tafel.

    ....

7. Jetzt schließt jemand die Tür auf.

    ....

Passiv Präsens mit Modalverb

Beispiel:

Jemand muss die Küche aufräumen.
Die Küche muss aufgeräumt werden!

Man kann die Waschmaschine jetzt wieder benutzen.
Die Waschmaschine kann jetzt wieder benutzt werden.

Der Chef hat gesagt, wir sollen den Schrank aufräumen.
Der Chef hat gesagt, der Schrank soll aufgeräumt werden.

Alle dürfen im Hof rauchen.
Im Hof darf geraucht werden.

Schreiben Sie die Sätze im Passiv:

1. Die Mutter hat gesagt, wir sollen die Spülmaschine ausräumen.

…..

2. Man muss die Zähne jeden Tag putzen.

…..

3. Der Kopierer ist repariert. Wir können ihn wieder benutzen.

…..

4. Jemand soll die Tafel sauber machen.

…..

5. Alle müssen die Sätze abschreiben.

…..

6. Jemand soll das Fenster aufmachen.

…..

Passiv Perfekt

Das Passiv Perfekt wird gebildet mit sein, dem Partizip 2 des Verbs und „worden".

Beispiele:

Frau Müller ist gestern operiert worden.
Das Auto ist gerade gewaschen worden.

Wandeln Sie diese Sätze im Passiv Präsens ins Passiv Perfekt um:

1. Die Übungen werden heute gemacht.

…...

2. Der Test wird gerade geschrieben.

…...

3. Die Sätze werden schon ins Perfekt umgewandelt.

…...

4. Der Computer wird von den Technikern repariert.

…...

5. Der Garten wird heute Abend von Peter gegossen.

…...

6. Der Tisch wird von den Kindern gedeckt.

…...

7. Die Geburtstagskerze wird von Maria ausgeblasen.

…...

8. Der Herd wird um 11 Uhr automatisch ausgeschaltet.

…...

Passiv Präteritum

Das Passiv Präteritum wird mit „wurde" (Präteritum von werden) und dem Partizip 2 des Verbs gebildet.

Beispiele:

Frau Müller wurde gestern operiert.
Das Auto wurde gerade gewaschen.

Schreiben Sie die Sätze von Seite 31 im Passiv Präteritum:

1. …………………………………………………………………………………………

2. …………………………………………………………………………………………

3. …………………………………………………………………………………………

4. …………………………………………………………………………………………

5. …………………………………………………………………………………………

6. …………………………………………………………………………………………

7. …………………………………………………………………………………………

8. …………………………………………………………………………………………

Schreiben Sie Sätze im Passiv Präteritum:

1. die Brücke – fertig stellen – letzte Woche

…………………………………………………………………………………………

2. der Zahn – ziehen – am Montag

…………………………………………………………………………………………

3. der Arbeiter – letzten Monat – entlassen

…………………………………………………………………………………………

Das Zustandspassiv

Die Betonung liegt beim Zustandspassiv auf der Fertigstellung, dem Ergebnis. Der Vorgang, das Tun ist unwichtig.

Das Zustandspassiv wird gebildet wie Passiv Perfekt, aber ohne „worden".

Beispiele:

Haben Sie schon die Sätze geschrieben?
Ja, die Sätze sind geschrieben.
Hast du schon die Fenster geputzt?
Ja, die Fenster sind geputzt.

<u>*Schreiben Sie die Antwort im Zustandspassiv:*</u>

1. Hast du schon den Tee gekocht?

…..

2. Haben Sie schon das Bad geputzt?

…..

3. Hast du schon Hausaufgaben gemacht?

…..

4. Haben Sie schon die Waschmaschine repariert?

…..

5. Hast du schon dein Zimmer aufgeräumt?

…..

6. Haben Sie das Auto schon geparkt?

…..

Gründe und Folgen beschreiben

Ich bin krank. Darum kann ich nicht kommen.	Grund. Folge
Ich bin krank. Deswegen kann ich nicht kommen.	Grund. Folge
Ich bin krank. Deshalb kann ich nicht kommen.	Grund. Folge

Ich kann nicht kommen, weil ich krank bin.	Folge, Grund
Ich kann nicht kommen, da ich krank bin.	Folge, Grund
Weil ich krank bin, kann ich nicht kommen.	Grund, Folge
Da ich krank bin, kann ich nicht kommen.	Grund, Folge

Wählen Sie jeweils unterschiedliche Ausdrücke für diese Situationen:

1. Mein Auto ist kaputt. - Ich kann nicht nach Worms fahren.

……………………………………………………………………………………

2. Mein Zahn tut weh. - Ich gehe zum Zahnarzt.

……………………………………………………………………………………

3. Olivia interessiert sich für Sport. - Sie will in den Sportverein eintreten.

……………………………………………………………………………………

4. Frau Kunz hört gern Musik. - Ich schenke ihr eine CD.

……………………………………………………………………………………

5. Familie Schneider hat nicht so viel Geld. - Sie bleibt im Urlaub zu Hause.

……………………………………………………………………………………

6. Walter kann gut Fußball spielen. - Er spielt im Verein.

……………………………………………………………………………………

7. Herr Kling hat eine schöne Stimme. - Er singt im Chor.

……………………………………………………………………………………

weil – deshalb – deswegen - darum

Schreiben Sie die Sätze anders:

1. Ich kann dich nicht besuchen, weil ich keine Zeit habe.

   ……………………………………………………………………………………

2. Ich habe mein Handy vergessen. Deshalb kann Lisa mich nicht erreichen.

   ……………………………………………………………………………………

3. Weil Violetta schön sein will, braucht sie jeden Morgen eine Stunde im Bad.

   ……………………………………………………………………………………

4. Erik hat die Stelle bekommen, weil er gute Zeugnisse hat.

   ……………………………………………………………………………………

5. Heute scheint die Sonne so schön. Deswegen habe ich gute Laune.

   ……………………………………………………………………………………

6. Wir kaufen einen Schrank, weil wir so viele Kleider haben.

   ……………………………………………………………………………………

7. Ich fahre mit dem Zug nach München, weil ich kein Auto habe.

   ……………………………………………………………………………………

8. Ich singe gern. Deshalb bin ich in einem Chor.

   ……………………………………………………………………………………

9. Ich trage meinen wärmsten Mantel, weil es so kalt ist.

   ……………………………………………………………………………………

10. Maria rennt weg, weil sie eine Maus gesehen hat.

   ……………………………………………………………………………………

Infinitiv + zu

Hast du Lust, heute Abend ins Kino zu gehen?/ **Hast du Zeit**, mit mir zu lernen?
Es hat aufgehört zu regnen./ **Es hat angefangen** zu schneien.
Ich habe beschlossen, nicht mehr zu rauchen. **Ich plane,** Urlaub zu machen.
Wir freuen uns, Sie zu sehen. **Wir hoffen,** Sie bald wiederzusehen.
Ich habe vergessen, die Hausaufgaben zu machen.

Es ist erlaubt, hier zu rauchen. / **Es ist verboten**, hier zu rauchen.
Es ist gesund, jeden Tag spazieren zu gehen. / **Es ist ungesund,** ...
Es ist gut/schlecht/ höflich/ unhöflich/ leicht/schwer/nötig/unnötig/richtig/falsch ,
...

Vor der Konstruktion mit zu + Infinitiv, kann man ein **Komma** setzen. Man muss aber nicht. Oft setzt man vor einer längeren Konstruktion ein Komma. Vor einer kurzen Konstruktion ist es nicht so nötig.

Beispiel für eine lange Konstruktion: Es ist unhöflich, bei jeder Gelegenheit über seine Nachbarn schlecht zu reden.

Beispiel für eine kurze Konstruktion: Es hat angefangen zu regnen.

Schreiben Sie persönliche Sätze mit zu + Infinitiv:

1. Ich finde es richtig, …..

2. Es ist gesund, …..

3. Hast du Lust, …..?

4. Ich habe beschlossen, …..

5. Es hat angefangen …...

6. Hast du morgen Zeit, …..?

7. Ich freue mich, …..

8. Ich hoffe, …..

9. Es ist verboten, …...

um .....zu

Schreiben Sie Sätze wie im Beispiel:

Beispiel: Pullover nicht kaufen – Geld sparen
           Ich kaufe den Pullover nicht, um Geld zu sparen.

1. Buch kaufen – es lesen

…………………………………………………………………………………………

2. nach Heidelberg fahren – das Schloss besichtigen

…………………………………………………………………………………………

3. Freund besuchen – mit ihm Musik hören

…………………………………………………………………………………………

4. Führerschein machen – mit der Familie in Urlaub fahren

…………………………………………………………………………………………

5. Mario Überstunden machen – mehr Geld verdienen

…………………………………………………………………………………………

6. Freund anrufen – ihm zum Geburtstag gratulieren

…………………………………………………………………………………………

7. einen Fortbildungskurs machen – im Job gut sein

…………………………………………………………………………………………

8. eine neue Brille kaufen – besser sehen können

…………………………………………………………………………………………

9. früh aufstehen – die ganze Arbeit schaffen

…………………………………………………………………………………………

um ... zu, damit

Beispiele: **Wir** fahren in den Urlaub, **um uns zu** erholen.
Frau Gau schickt ihre **Kinder** ins Ferienlager, **damit sie** sich erholen.

Um .... zu: Das Subjekt ist im Hauptsatz dasselbe wie im Nebensatz.
Damit: Die Subjekte im Hauptsatz und im Nebensatz sind (fast immer) verschieden.

Schreiben Sie Sätze aus diesen Stichworten. Verwenden Sie um ... zu *oder* damit:

1. Gisela - für die Prüfung lernen – später eine gute Note haben

....

2. Maria – ihrem Baby Milch geben – es nicht weinen

....

3. Frau Kaiser – ihrem Mann einen Schal stricken – er nicht frieren

....

4. Wolfgang – Stifte kaufen – in der Schule gut schreiben können

....

5. Till – Oma anrufen – sie ihm Schokolade mitbringen

....

6. Familie Kurz – einen Hund kaufen – er das Haus bewachen

....

7. Milena – eine neue Arbeit suchen – mehr Geld verdienen

....

8. Olaf – ins Schwimmbad gehen – seine Freunde treffen

....

um zu ....   statt zu ....   ohne zu ....

Frau Müller fährt in Urlaub, **um** sich **zu** erholen.
Um sich **zu** erholen, fährt Frau Müller in Urlaub.

Frau Müller geht nachts in die Disco, **statt zu** schlafen.
Statt zu schlafen, geht Frau Müller in die Disco.

Frau Müller geht aus dem Restaurant, **ohne zu** bezahlen.
Ohne zu bezahlen, geht Frau Müller aus dem Restaurant.

Wenn um zu, statt zu oder ohne zu am Anfang des Satzes steht, gilt die Konstruktion als Position 1 und das Verb folgt auf Position 2.

Was passt? Setzen Sie ein: um zu ...   statt zu ...   ohne zu ...

1. Samuel geht weg, ... mir Bescheid .... sagen.

2. Walter sieht fern, ... mir bei der Arbeit .... helfen.

3. Ich fahre nach China, ... das Land kennen........ lernen.

4. Monika sitzt mit ihrer Freundin im Café, ... Hausaufgaben .... machen.

5. Der Mann kam ins Zimmer, ... an...........klopfen.

6. Ich habe viel gelernt, ... die Prüfung gut .... bestehen.

7. Das Kind geht ins Bett, ... die Zähne .... putzen.

8. Karin telefoniert mit ihrer Freundin, ... auf........... räumen.

9. Paul antwortete sofort, ... nach........denken.

10. Frau Großmann meldet sich beim Sportverein an, ... fit .... werden.

nicht brauchen + zu + Infinitiv

Beispiele:

Du brauchst mir **nicht zu** <u>helfen.</u> Ich kann das allein.
Ich brauche morgen **nicht** zur Arbeit **zu** <u>gehen.</u> Ich habe frei.
Herr Becker ist jetzt gesund. **Er braucht** nicht mehr zum Arzt **zu** <u>gehen.</u>
Wir brauchen kein neues Radio **zu** kaufen. Das alte funktioniert noch.

Beispiel:

nicht brauchen – du – mich - abholen – ich - allein kommen können
Du brauchst mich nicht abzuholen. Ich kann allein kommen.

1. brauchen – kein Wörterbuch – benutzen – Maria – übersetzen können

…..

2. nicht brauchen – du – das Paket – abholen – ich das machen

…..

3. du – brauchen – keinen Kaffee kochen – ich - nur Wasser trinken

…..

4. du - nicht brauchen – das Buch bezahlen – ich es dir schenken

…..

5. nicht brauchen – du - morgen - auf meine Kinder aufpassen

…..

6. du - nicht brauchen – das Formular - unterschreiben

…..

7. nicht brauchen – du – alle Aufgaben – machen - heute

…..

Zweiteilige Konjunktionen:
nicht nur – sondern auch, zwar – aber, entweder – oder, je …. desto

Beispiele: Er spricht **nicht nur** Englisch, **sondern** *(er spricht)***auch** Französisch.
Er fährt **zwar** jedes Jahr in Urlaub, **aber** *(er fährt)* immer ins selbe Hotel.
Du kannst **entweder** anrufen **oder** (du kannst) eine E-mail schreiben.
Je schneller du kommst, **desto** mehr Zeit haben wir.

Wenn Subjekt oder Verb in beiden Sätzen gleich ist, kann man es weglassen.

Wenn die Verben oder Subjekte nicht gleich sind, muss man sie schreiben.

Walter kann **nicht nur** Englisch sprechen, **sondern** er war auch schon oft in England.
Frau Noll kann **zwar** Englisch, **aber** ihr Mann nicht.
Du kannst **entweder** zum Arzt gehen, **oder** du fragst in der Apotheke um Rat.

Schreiben Sie Sätze wie im Beispiel:

Nicht nur, sondern auch:

Frieda – hübsch sein– klug sein
Frieda ist nicht nur hübsch, sondern (sie ist) auch klug.

1. Die Wohnung – eine gute Lage haben – groß sein

……………………………………………………………………………………

2. Das Wetter – stürmisch sein - es - kalt sein

……………………………………………………………………………………

3. Ich - die Grammatik lernen – den Wortschatz lernen

……………………………………………………………………………………

4. Rauchen – ungesund sein – störend für die anderen sein

……………………………………………………………………………………

5. Familie Müller – fünf Kinder haben – vier Katzen haben

……………………………………………………………………………………

Zwar ... aber

Der Chef – freundlich sein – nicht viel über die Arbeit erklären
Der Chef ist zwar freundlich, aber er erklärt nicht viel über die Arbeit.

1. Mustafa – Türkisch sprechen – kein Deutsch sprechen

…..

2. Das Wetter – nicht kalt sein – es - windig sein

…..

3. Die Sekretärin – viel telefoniert haben – keine Briefe geschrieben haben

…..

4. Das Essen – sehr gut schmecken – es - zu fett sein

…..

5. Ich – nicht gern laufen – gern Fahrrad fahren

…..

entweder .... oder

Wir - eine Reise machen – ein neues Auto kaufen
Entweder wir machen eine Reise oder wir kaufen ein neues Auto.

1. Frau Maier – ins Kino gehen – zu Hause bleiben und lesen

…..

2. Ich möchte – einen Malkurs besuchen – ein Musikinstrument lernen

…..

3. Du – mit uns ins Kino gehen können – zu Hause bleiben und fernsehen

…..

je ... desto

Je schneller du den Brief abschickst, **desto schneller** bekommst du eine Antwort.
Je mehr du übst, **desto besser** ist das Ergebnis.
Je weniger du isst, **desto schneller** nimmst du ab.

Je ... desto verwendet man mit Adjektiven im Komparativ.

Die Konstruktion zeigt, dass eine Beziehung zwischen den beiden Adjektiven besteht, entweder sie ist proportional oder antiproportional.

proportional: Je mehr Geld du hast, desto mehr kannst du kaufen.
umgekehrt proportional: Je freundlicher ich zu meinem Chef war, desto unfreundlicher wurde er.

Schreiben Sie Sätze mit je ... desto:

kleiner – das Kind – sein - weniger – Eintritt bezahlen müssen - Sie
Je kleiner das Kind ist, **desto** weniger Eintritt müssen Sie bezahlen

1. schwieriger - die Aufgabe – sein – länger – ich – brauchen

…...

2. mehr – Obst und Gemüse essen – du – gesünder werden

…...

3. öfter – du – ins Fitnessstudio gehen – fitter werden

…...

4. entspannter – ich – sein – besser – arbeiten können

…...

5. freundlicher – die Verkäuferin – sein – mehr – kaufen – die Kunden

…...

Konjunktionen während, nachdem

während: Zwei Handlungen geschehen zur gleichen Zeit.

nachdem: Zwei Handlungen geschehen nacheinander.

Schreiben Sie Sätze mit „während":

Während Frau Müller das Mittagessen kocht, liest ihr Mann die Zeitung.
Während Herr Müller im Garten arbeitet, sieht seine Frau fern.

1. die Lehrerin – die Aufgabe erklären – Mario – an sein Mittagessen denken

…..

2. Otto – Hausaufgaben machen – er – Musik hören

…..

3. ich – mit meiner Schwester – telefonieren – ich - im Kochtopf rühren

…..

4. mein Nachbar – laut Musik hören – ich – versuchen zu lernen

…..

5. die meisten Leute – schlafen – Walter – arbeiten Nachtschicht

…..

6. Karin – Musik hört – sie tanzt

…..

7. Frau Kaiser - kochen – Herr Kaiser – mit den Kindern zum Spielplatz gehen

…..

8. das Baby – schlafen – Frau Kelmendi – Deutsch üben

…..

*Schreiben Sie Sätze mit „*nachdem*". Verwenden Sie* Perfekt und Präsens:

Das macht Viktor jeden Morgen:

6 Uhr – Viktor steht auf
6.10 Uhr – er duscht
6.20 Uhr – er zieht sich an
6.30 Uhr – er kocht Kaffee
6.35 Uhr – er frühstückt
6.50 Uhr – er fährt zur Arbeit
7.15 Uhr – er bespricht den Tag mit seinen Kollegen

      Viktor steht um 6 Uhr auf.
      Nachdem er aufgestanden ist, duscht er.

1. ....

2. ....

3. ....

4. ....

5. ....

*Schreiben Sie Sätze mit „***nachdem***".*
Verwenden Sie **Plusquamperfekt und Präteritum.**

Nachdem Herr Grün sich ausgeruht hatte, ging er zum Sport.
Nachdem Herr Grün Sport gemacht hatte, war er hungrig.

1. Katarina sieht fern. (1) Sie geht zu Bett. (2)

....

2. Der Waschgang ist fertig.(1) Ich hänge die Wäsche auf. (2)

....

3. Das Kind isst. (1) Es macht einen Mittagsschlaf. (2)

....

Futur werden + Infinitiv

Die Zukunft wird meistens im Präsens ausgedrückt. Das Futur mit werden + Infinitiv wird in besonderen Situationen gebraucht: Versprechen, Vorsatz, Voraussage, Warnung, Befehl.

....

Versprechen: Ich **werde** dich bestimmt pünktlich **abholen.**

Voraussage: Ich bin sicher, **morgen** wird es **schneien.**

Warnung/Drohung): Das **werden** Sie noch **bereuen.** Sie **werden** schon **sehen,** was passiert.

Befehl: Sie **werden** jetzt sofort hier **wegfahren.**

Vorsatz: Ich **werde** nächstes Jahr mehr Sport **machen.**

....

Schreiben Sie diese Sätze im Futur. Bestimmen Sie die Stiuation.

Beispiel:

Maria: Ich mache heute bestimmt meine Hausaufgaben.
Ich werde heute bestimmt meine Hausaufgaben machen. Versprechen

1. Frau Flott: Ab jetzt putze ich den Fußboden zweimal in der Woche.

....

2. Mama zum Kind: Alle deine Freunde kommen zu der Geburtstagsfeier.

....

3. Herr Moritz zu seiner Frau: Wir fliegen dieses Jahr nach Kuba.

....

4. Mutter zum Kind: Du räumst dein Zimmer auf. Sonst kommen deine Spielsachen in den Keller.

....

5. Simon zu seiner Freundin: Ich schreibe dir heute Abend eine Mail.

....

6. Herr Fritz zu seinem Freund: Bis zum Herbst findest du eine neue Arbeit.

....

7. Sohn zum Vater: Ich denke über deine Worte nach, ganz bestimmt.

....

8. Frau Walter zu ihrem Kind: Zu Weihnachten bekommst du ein Fahrrad.

....

9. Gerda: Ab ersten Januar esse ich keine Süßigkeiten mehr.

....

10. Zahnarzt: Die Behandlung dauert nicht lange.

....

11. Wissenschaftler: In der Zukunft gibt es intelligente Roboter.

....

12. Politiker: In den nächsten Jahren erholt sich die Wirtschaft des Landes.

....

13. Sven zu Mona: Ich helfe dir beim Umzug.

....

14. Peter: Ich leihe dir nie mehr mein Auto.

....

15. Wahrsagerin: Sie heiraten und bekommen drei Söhne.

....

Konjunktionen seit/ seitdem – bevor – bis – indem – ohne dass

Diese Konjunktionen können einen Nebensatz einleiten.

Beispiele:

Seit ich in dieser Wohnung wohne, habe ich die gleichen Nachbarn.
Ich habe die gleichen Nachbarn, **seit** ich in dieser Wohnung wohne.

Bevor du den Vertrag unterschreibst, solltest du ihn durchlesen.
Du solltest den Vertrag durchlesen, **bevor** du ihn unterschreibst.

Ich warte hier so lange, **bis** du mir mein Buch zurückgibst.

Du kannst mir sehr viel helfen, **indem** du mir die Wörter übersetzt.
Indem du mir die Wörter übersetzt, kannst du mir sehr viel helfen.

Ohne dass ich gefragt habe, hat Monika mir Hilfe angeboten.
Monika hat mir Hilfe angeboten, **ohne dass** ich gefragt habe.

Welche Konjunktion passt? Ergänzen Sie:

1. Willi muss zuerst den Schlüssel finden, ….................. er die Tür öffnen kann.
2. Der Patient musste lange warten, ….................. der Arzt Zeit hatte.

3. ….................. ich Mustafa kenne, raucht er nicht mehr.

4. Frau Schulz kaufte ein Auto, ….................. ihr Mann es wusste.

5. ….................. seine Mutter seinen Kurs bezahlte, konnte sie ihn unterstützen.
6. Ich habe meine Nachbarn noch nicht kennengelernt, ….................. sie hier wohnen.
7. Familie Meier packte viele Koffer, ….................. sie in der Urlaub fuhren.

8. Unser Hund ist sehr gut trainiert. Wir gehen mit ihm spazieren, ….................. er andere Leute anbellt.

Satzverbindungen auf einen Blick
Wortstellung im Satz

Modell 1.

Diese Konjunktionen verbinden **zwei Hauptsätze:**

und, aber, sondern, oder, dann

Das Verb steht in beiden Sätzen auf Position 2.

Wir **besuchen** das Museum   oder   wir **gehen** schwimmen.

Mein Bruder **ist** älter,   aber   meine Schwester **ist** jünger.

Wir **lernen** Deutsch,   denn   wir **möchten** in Deutschland leben.

Er **ist** kein Fachmann,   sondern   er **kennt** sich gar nicht aus.

Sie **gingen** spazieren   und   sie **aßen** im Restaurant zu Mittag.

Modell 2.

Diese Konjunktionen verbinden einen **Hauptsatz** mit einem **Nebensatz.**

Weil, dass, wenn, bevor, nachdem, ob, obwohl, während, da, falls, als, damit, seit

Beim Nebensatz, den die Konjunktion einleitet, steht das konjugierte Verb am Satzende.

Wir kommen zu spät, **weil** der Wecker nicht geklingelt **hat.**

Ich glaube, **dass** du die Prüfung **bestehst.**

Vera kommt, **wenn** sie mit der Arbeit fertig **ist.**

Er ging weg, **bevor** ich etwas sagen **konnte.**

Sie frühstückte, **nachdem** sie die Brötchen geholt **hatte.**

Ich weiß nicht, **ob** wir das **schaffen.**

Franz hat von dem Kuchen gegessen, **obwohl** seine Mutter es verboten **hatte.**

Nadia kochte, **während** sie Radio **hörte.**

Ich bezahle die Rechnung nicht, **da** das Gerät nicht **funktioniert.**

Du kannst bei mir übernachten, **falls** du mal in Frankfurt **bist.**

Wir waren in Rom, **als** wir letztes Jahr Italien **bereisten.**

Sie kochte viel Suppe, **damit** wir alle essen **konnten.**

Ich habe nicht viel Zeit, **seit** ich Mathematik **studiere.**

Wenn der Nebensatz vor dem Hauptsatz steht, gilt er als Position 1 und es folgt das Verb.

Weil der Wecker nicht geklingelt hat, **kommen** wir zu spät.

Dass du die Prüfung bestehst, **glaube** ich.

Wenn sie mit der Arbeit fertig ist, **kommt** Vera.

Bevor ich etwas sagen konnte, **ging** er weg.

Nachdem sie die Brötchen geholt hatte, **frühstückte** sie.

Ob wir das schaffen, **weiß** ich nicht.

Obwohl seine Mutter es verboten hatte, **hat** Franz von dem Kuchen gegessen.

Während Nadia Radio hörte, **kochte** sie.

Da das Gerät nicht funktioniert, **bezahle** ich die Rechnung nicht.

Falls du mal in Frankfurt bist, **kannst** du bei mir übernachten.

Als wir letztes Jahr Italien bereisten, **waren** wir in Rom.

Damit wir alle essen konnten, **kochte** sie viel Suppe.

Seit ich Mathematik studiere, **habe** ich nicht viel Zeit.

Modell 3:
Angabewörter

Dann, deshalb, also, trotzdem

Zwei Hauptsätze stehen in Beziehung zueinander. Zwischen den beiden kann ein Punkt oder ein Komma stehen.
Das Angabewort steht auf Position 1 oder 3.

Das Kind macht seine Hausaufgaben. **Dann** spielt **es**.
(Das Kind macht seine Hausaufgaben, **dann** spielt es.)

Das Kind macht seine Hausaufgaben. **Es** spielt **dann**.

Ich habe keine Kamera, **deshalb** kann **ich** nicht fotografieren.

Ich habe keine Kamera, **ich** kann **deshalb** nicht fotografieren.

Sein Bein tut weh. **Trotzdem** geht **er** einkaufen.

Sein Bein tut weh. **Er** geht **trotzdem** einkaufen.

Wir brauchen einen Schrank. **Also** kaufen **wir** einen.

Wir brauchen einen Schrank. **Wir** kaufen **also** einen.

Seite 5:

   1. Als 2. Wenn 3. wenn 4. wenn 5. Als 6. Wenn 7. als 8. Wenn

Seite 6:

   9. als 10. Als 11. wenn 12. Als 13. wenn 14. Als 15. Wenn 16. als
   17. Als 18. wenn 19. wenn 20. als 21. Als 22. Wenn 23. wenn
   24. Wenn 25. als 28. Wenn 29. als

Seite 7:

   1. Falls du noch Hunger hast, musst du im Kühlschrank nachschauen.
   2. Falls das Brot nicht reicht, geh zum Bäcker!
   3. Falls der Schüler die Aufgabe nicht versteht, soll er den Lehrer fragen.
   4. Falls das Geld nicht reicht, musst du zur Bank gehen.
   5. Falls ich zu schnell spreche, sag bitte Bescheid!
   6. Falls du noch Tee möchtest, koche ich nochmal welchen.
   7. Falls du nicht schlafen kannst, lies ein Buch!

Seite 8:

   1. besuchte 2. arbeitete 3. hörte 4. feierte 5. wartete 6. putzte
   7. frühstückte 8. machten

Seite 9:

   1. Am Abend kam XY in Berlin an.
   2. Einige Staatsmänner und viele Journalisten empfingen ihn.
   3. XY lächelte und begrüßte alle.

Seite 10:

   4. Dann fuhr er zum Hotel.
   5. Er aß im Restaurant und dann machte er mit Angela Merkel eine Stadtrundfahrt.
   6. Sie zeigte ihm das Brandenburger Tor.

7. Am nächsten Tag traf er den Außenminister.
8. Sie diskutierten heftig über die Problempunkte.
9. XY verteidigte seine Meinung.
10. Bis zum Nachmittag einigten sie sich nicht.
11. Später gab es noch ein Staatsbankett.
12. XY sprach die ganze Zeit Englisch.
13. Dann reiste er ab und sagte: „Das war sehr interessant."

Seite 11:

Thomas Müller wurde am 09. 01. 1977 in Toronto, Kanada, geboren. 1983 zog er nach Mannheim, Deutschland, um. Von 1983 bis 1987 besuchte er die Grundschule Käfertal, von 1987 bis 1996 das Goethe-Gymnasium, das er mit dem Abitur abschloss. Von 1996 bis 1997 machte er ein freiwilliges soziales Jahr bei der AWO Mannheim. Von 1997 bis 2002 studierte er Politologie an der Universität Heidelberg. Von 2002 bis 2010 arbeitete er als wissenschaftlicher Berater am Institut XX. Von 2002 bin 2014 war er als Berater im Bundestag in Berlin tätig.

Seite 12:

1. Er bekam die Stelle. Er hatte sich (vorher) bei der Firma beworben.
2. Ich kaufte den Pulli. Ich hatte ihn (vorher) im Schaufenster gesehen.
3. Sie wohnte mit dem Mann zusammen. Sie hatte ihn im Urlaub kennen gelernt.
4. Wir tranken den Kaffee. Ich hatte ihn (vorher) gekocht.
5. Herr Becker zog um. Er hatte (vorher) die Wohnung renoviert.

Seite 13:

Beispielantworten. Auch andere Lösungen sind möglich.

1. Weil er krank ist.
2. Weil ich ihn einladen will.
3. Weil es draußen so kalt ist.

Seite 14:

1. weil 2. obwohl 3. obwohl 4. weil 5. weil 6. obwohl 7. weil 8. obwohl
   9. weil 10. obwohl
   1. Ich fahre nach Paris, obwohl ich kein Französisch spreche.
2. Ich gehe ins Schwimmbad, obwohl ich nicht schwimmen kann.
3. Ich fahre in Urlaub, obwohl ich wenig Geld habe.

Seite 15:

1. ob 2. dass 3. dass 4. dass 5. ob 6. dass 7. ob 8. ob 9. dass 10. dass, ob 11. dass, dass 12. dass, ob 13. dass

Seite 16:

1. Ich möchte wissen, ob du heute Mittag Pizza gegessen hast.
2. Ich möchte wissen, ob du gern Karten spielst.
3. Ich möchte wissen, ob du am Sonntag Morgen lange schläfst.
4. Ich möchte wissen, ob du gern im Schnee spazieren gehst.
5. Ich möchte wissen, ob du gern Schmuck trägst.
6. Ich möchte wissen, ob du manchmal Wein trinkst.
7. Ich möchte wissen, ob du heute einkaufen gehst.
8. Ich möchte wissen, ob du zum Frühstück Käse isst.
9. Ich möchte wissen, ob du stricken kannst.

Seite 17:

1. die 2. das 3. der 4. die 5. das 6. die 7. die 8. die 9. der 10. die

Seite 18:

1. Der Kaffee, der auf dem Tisch steht, ist frisch gekocht.
2. Die Hühner, die im Garten laufen, haben braune Federn.
3. Der Schüler, der ganz hinten rechts sitzt, hat gute Noten.
4. Das Mädchen, das ein rotes Kleid anhat, ist sehr hübsch.
5. Die Sonne, die durch das Fenster scheint, stört mich.
6. Alle Passagiere, die nach Ludwigshafen wollen, müssen umsteigen.

Seite 19:

1. Familie Schmidt hat einen Hund, der Türen öffnen kann.
2. Ich kenne eine Familie, die sieben Kinder hat.
3. Ich kaufe die Tasche, die mir gut gefällt.
4. Sabine heiratet Sven, der Pilot von Beruf ist.
5. Frau Gabel pflegt ihren Mann, der Grippe hat.
6. Maria kauft eine Jacke, die 129 € kostet.
7. Du kennst die Frau, die in meiner Straße wohnt.
8. Ich trage einen blauen Pullover, der gut zu meiner Hose passt.

Seite 20:
1. Die Tasche, die ich brauche, hat ein Handyfach.
2. Der Lehrer, den ich in der Stadt treffe, heißt Müller.
3. Der Computer, den ich kaufe, ist ein neues Modell.

4. Die Frau, die wir treffen, ist meine Lehrerin.

5. Das Handy, das er verloren hat, war teuer.

6. Das Haus, das Familie Klein baut, ist auf dem Land.

Seite 21:

1. Die Frau, der ich gratuliere, ist meine Kollegin.

2. Der alte Mann, dem sie begegnen, kann nicht gut laufen.

3. Die jungen Leute, denen ich helfe, sind meine Nachbarn.

4. Die Kinder, denen ich Schokolade gebe, sind meine Enkel.

5. Die Katze, der Peter immer Futter gibt, ist schwarz.

6. Die Firma, der du antwortest, hat ihren Sitz in Hamburg.

Seite 22:

1. Die Reise nach Venedig, an die ich mich noch gut erinnere, war sehr schön.

2. Die Kinder, um die ich mich heute kümmere, sind sehr laut.

3. Das Haus, von dem ich träume, hat einen großen Garten.

Seite 12:

4. Kurs, für den ich mich interessiere, findet mittwochs um 17 Uhr statt.

5. Die Frau, mit der ich verabredet bin, möchte mein Auto kaufen.

6. Die Nachbarn, über die ich mich ärgere, spielen immer laute Musik.

7. Das Geld, auf das ich warte, ist von einem Bausparvertrag.

8. Der Ausflug, auf den ich mich freue, geht an den Bodensee.

9. Die Wohnung, mit der ich sehr zufrieden bin, hat schöne, große Zimmer.

10. Die Chefin, mit der ich sprechen möchte, ist gerade beschäftigt.

11. Die Miete, über die ich mich beschwere, ist zu hoch.

Seite 25:
1. Das ist Frau Müllers E-Mail.
2. Das ist Herrn Weiß' Brief.
3. Das ist Jens' Garten.
4. Das ist Deutschlands Klima.
5. Das ist Frankreichs Küche.
6. Das ist Spaniens Hauptstadt.

1. Das ist das Buch der Lehrerin.
2. Das ist die Tasche der Frau.
3. Das ist das Ende des Monats.
4. Das ist der Preis der Ware.
5. Das ist die Farbe des Stifts.
6. Das ist die Jacke des Mannes.

7. Das ist die Frau des Bäckers.
8. Das ist die Tür des Hauses.
9. Das ist die Freundin der Mutter.

Seite 26:

1. der Name eines Schriftstellers
2. die Adresse einer Freundin
3. das Auto eines Bewohners
4. das Fahrrad eines Kindes

1. die Telefonnummer eines englischen Freundes
2. das Haus berühmter Leute
3. die Adresse einer entfernten Cousine
4. die Jacke eines alten Mannes
5. das Zimmer eines unordentlichen Kindes

Seite 27:

1. Nachbarn 2. Affen 3. Menschen 4. Friedens 5. Buchstabens 6. Bauern
7. Neurologen 8. Praktikanten 9. Gedankens 10. Nachbarn

Seite 28:

1. Trotz des Gewitters wollten die Wanderer weitergehen.
2. Statt eines Lobes bekam ich nur Vorwürfe.
3. Wegen eines Todesfalls in der Familie war das Geschäft geschlossen.
4. Während eines kurzen Aufenthalts in Rom lernte ich neue Freunde kennen.
5. Innerhalb der kurzen Zeit im Kurs lernte Selma gut Deutsch.
6. Außerhalb der Geschäftszeiten war niemand im Büro.
7. Innerhalb des Firmengeländeswar parken verboten.

Seite 29:

1. Der Geschäftsbrief wird von der Sekretärin geschieben.
2. Die Rechnung wird von Vater bezahlt.
3. Hier wird nicht geraucht.
4. Der Fernseher wird repariert.
5. Die Wohnung wird (von uns) renoviert.
6. Die Tafel wird geputzt.
7. Die Tür wird jetzt aufgeschlossen.

Seite 30:

1. Die Mutter hat gesagt, die Spülmaschine soll ausgeräumt werden.
2. Die Zähne müssen jeden Tag geputzt werden.
3. Der Kopierer kann jetzt wieder benutzt werden.
4. Die Tafel soll sauber gemacht werden.
5. Die Sätze müssen abgeschrieben werden.
6. Das Fenster soll aufgemacht werden.

Seite 31:

1. Die Übungen sind heute gemacht worden.
2. Der Test ist gerade geschrieben worden.
3. Die Sätze sind schon ins Passiv umgewandelt worden.
4. Der Computer ist von den Technikern repariert worden.
5. Der Garten ist heute Abend von Peter gegossen worden.
6. Der Tisch ist von den Kindern gedeckt worden.
7. Die Geburtstagskerze ist von Maria ausgeblasen worden.
8. Der Herd ist um 11 Uhr automatisch ausgeschaltet worden.

Seite 32:

1. Die Übungen wurden heute gemacht.
2. Der Test wurde gerade geschrieben.
3. Die Sätze wurden schon ins Perfekt umgewandelt.
4. Der Computer wurde von den Technikern repariert.
5. Der Garten wurde von Peter gegossen.
6. Der Tisch wurde von den Kindern gedeckt.
7. Die Geburtstagskerze wurde von Maria ausgeblasen.
8. Der Herd wurde um 11 Uhr automatisch ausgeschaltet.

1. Die Brücke wurde letzte Woche fertiggestellt.
2. Der Zahn wurde am Montag gezogen.
3. Der Arbeiter wurde letzten Monat entlassen.

Seite 33:

1. Ja, der Tee ist gekocht.
2. Ja, das Bad ist geputzt.
3. Ja, die Hausaufgaben sind gemacht.
4. Ja, die Waschmaschine ist repariert.
5. Ja, mein Zimmer ist aufgeräumt.
6. Ja, das Auto ist geparkt.

Seite 34:

Beispielantworten. Auch andere Lösungen sind möglich.
1. Weil mein Auto kaputt ist, kann ich nicht nach Worms fahren.
2. Mein Zahn tut weh. Darum gehe ich zum Zahnarzt.
3. Da Olivia sich für Sport interessiert, will sie in den Sportverein eintreten.
4. Ich schenke Frau Kunz eine CD, weil sie gern Musik hört.
5. Frau Schneider hat nicht so viel Geld. Deshalb bleibt sie zu Hause.
6. Weil Walter gut Fußball spielen kann, spielt er im Verein.
7. Herr Kling singt im Chor, weil er eine schöne Stimme hat.

Seite 35:

Beispielantworten. Auch andere Lösungen sind möglich.

1. Ich habe keine Zeit. Deshalb kann ich dich nicht besuchen.
2. Ich kann Lisa nicht erreichen, weil ich mein Handy vergessen habe.
3. Violetta will schön sein. Deswegen braucht sie jeden Morgen eine Stunde im Bad.
4. Weil Erik gute Zeugnisse hat, hat er die Stelle bekommen.
5. Weil die Sonne heute so schön scheint, habe ich gute Laune.
6. Weil wir so viele Kleider haben, kaufen wir einen Schrank.
7. Ich habe kein Auto. Deswegen fahre ich mit dem Zug nach München.
8. Ich bin in einem Chor, weil ich gern singe.
9. Weil es so kalt ist, trage ich meinen wärmsten Mantel.
10. Maria hat eine Maus gesehen. Darum rennt sie weg.

Seite 36:

Beispielantworten. Auch andere Lösungen sind möglich.

1. Ich finde es richtig, Deutsch zu üben.
2. Es ist gesund, Obst zu essen.
3. Hast du Lust, mit mir ins Kino zu gehen?
4. Ich habe beschlossen, mich gesünder zu ernähren.
5. Es hat angefangen zu hageln.
6. Hast du morgen Zeit, mich zu besuchen?
7. Ich freue mich dich zu sehen.
8. Ich hoffe, Sie bald wieder hier begrüßen zu dürfen.
9. Es ist verboten, in der Ausstellung zu fotografieren.

Seite 37:

1. Ich kaufe das Buch, um es zu lesen.

2. Ich fahre nach Heidelberg, um das Schloss zu besichtigen.
3. Ich besuche meinen Freund, um mit ihm Musik zu hören.
4. Ich mache den Führerschein, um mit der Familie in Urlaub zu fahren.
5. Mario macht Überstunden, um mehr Geld zu verdienen.
6. Ich rufe meinen Freund an, um ihm zum Geburtstag zu gratulieren.
7. Ich mache einen Fortbildungskurs, um im Job gut zu sein.
8. Ich kaufe eine neue Brille, um besser sehen zu können.
9. Ich stehe früh auf, um die ganze Arbeit zu schaffen.

Seite 38:

1. Gisela lernt für die Prüfung, um später eine gute Note zu haben.
2. Maria gibt ihrem Baby Milch, damit es nicht weint.
3. Frau Kaiser strickt ihrem Mann einen Schal, damit er nicht friert.
4. Wolfgang kauft Stifte, um in der Schule gut schreiben zu können.
5. Till ruft Oma an, damit sie Schokolade mitbringt.
6. Familie Kurz kauft einen Hund, damit er das Haus bewacht.
7. Milena sucht eine neue Arbeit, um mehr zu verdienen.
8. Olaf geht ins Schwimmbad, um seine Freunde zu treffen.

Seite 39:

1. ohne … zu   2. statt … zu   3. um … zu   4. statt … zu   5. ohne … zu   6. um … zu   7. ohne … zu   8. statt … zu   9. ohne ..zu… 10. um … zu

Seite 40:

1. Du brauchst kein Wörterbuch zu benutzen. Maria kann übersetzen.
2. Du brauchst das Paket nicht abzuholen. Ich kann das machen.
3. Du brauchst keinen Kaffee zu kochen. Ich trinke nur Wasser.
4. Du brauchst das Buch nicht zu bezahlen. Ich schenke es dir.
5. Du brauchst morgen nicht auf meine Kinder aufzupassen.
6. Du brauchst das Formular nicht zu unterschreiben.
7. Du brauchst heute nicht alle Aufgaben zu machen.

Seite 41:

1. Die Wohnung hat nicht nur eine gute Lage, sondern sie ist auch groß.
2. Das Wetter ist nicht nur stürmisch, sondern auch kalt.
3. Ich lerne nicht nur die Grammatik, sondern auch den Wortschatz.
4. Rauchen ist nicht nur ungesund, sondern auch störend für die anderen.
5. Familie Müller hat nicht nur fünf Kinder, sondern auch vier Katzen.

Seite 42:

1. Mustafa spricht zwar Türkisch, aber kein Deutsch.
2. Das Wetter ist zwar nicht kalt, aber windig.
3. Die Sekretärin hat zwar viel telefoniert, aber (sie hat) keine Briefe geschrieben.
4. Das Essen schmeckt zwar gut, aber es ist zu fett.
5. Ich laufe zwar nicht gern, fahre aber gern Fahrrad.

1. Frau Maier geht entweder ins Kino oder sie besucht ihre Freundin.
2. Ich möchte entweder einen Malkurs besuchen oder ein Musikinstrument lernen.
3. Du kannst entweder mit uns ins Kino gehen oder zu Hause bleiben und fernsehen.

Seite 43:

1. Je schwieriger die Aufgabe ist, desto länger brauche ich.
2. Je mehr Obst und Gemüse du isst, desto gesünder wirst du.
3. Je öfter du ins Fitnessstudio gehst, desto fitter wirst du.
4. Je entspannter ich bin, desto besser kann ich arbeiten.
5. Je freundlicher die Verkäuferin ist, desto mehr kaufen die Kunden.

Seite 44:

1. Während die Lehrerin die Aufgabe erklärt, denkt Mario an sein Mittagessen.
2. Während Otto Hausaufgaben macht, hört er Musik.
3. Während ich mit meiner Schwester telefoniere, rühre ich im Kochtopf.
4. Während mein Nachbar laut Musik hört, versuche ich zu schlafen.
5. Während die meisten Leute schlafen, arbeitet Walter Nachtschicht.
6. Während Karin Musik hört, tanzt sie.
7. Während Frau Kaiser kocht, geht Herr Kaiser mit den Kindern zum Spielplatz.
8. Während das Baby schläft, übt Frau Kelmendi Deutsch.

Seite 45:

1. Nachdem er geduscht hat, zieht er sich an.
2. Nachdem er sich angezogen hat, kocht er Kaffee.
3. Nachdem er Kaffee gekocht hat, frühstückt er.
4. Nachdem er gefrühstückt hat, fährt er zur Arbeit.
5. Nachdem er zur Arbeit gefahren ist, bespricht er den Tag mit seinen Kollegen.

Seite 46:

1. Ab jetzt werde ich den Fußboden zweimal pro Woche putzen.
   Vorsatz, Versprechen
2. Alle deine Freunde werden zu der Geburtstagsfeier kommen.
   Versprechen, Voraussage
3. Wir werden dieses Jahr nach Kuba fliegen.
   Versprechen
4. Du wirst dein Zimmer jetzt aufräumen. Sonst kommen deine Spielsachen in den Keller.
   Befehl, Drohung

Seite 47:

5. Ich werde dir heute Abend eine E-Mail schreiben.
   Versprechen
6. Bis zum Herbst wirst du eine neue Arbeit finden.
   Voraussage
7. Ich werde ganz bestimmt über deine Worte nachdenken.
   Versprechen
8. Zu Weihnachten wirst du ein Fahrrad bekommen.
   Versprechen
9. Ab ersten Januar werde ich keine Süßigkeiten mehr essen.
   Vorsatz
10. Die Behandlung wird nicht lange dauern.
    Versprechen
11. In der Zukunft wird es intelligente Roboter geben.
    Voraussage
12. In den nächsten Jahren wird sich die Wirtschaft des Landes erholen.
    Voraussage, Versprechen
13. Ich werde dir beim Umzug helfen.
    Versprechen
14. Ich werde dir nie wieder mein Auto leihen.
    Drohung
15. Sie werden heiraten und drei Söhne bekommen.

Seite 48:

1. bevor 2. bis 3. Seit 4. ohne dass 5. Indem 6. seit 7. bevor 8. ohne dass